Étude de la collaboration dans un réseau social

Rahma Bouaziz Kammoun

Étude de la collaboration dans un réseau social

Mise en œuvre à travers deux mesures de similarité

Éditions universitaires européennes

Impressum / Mentions légales

Bibliografische Information der Deutschen Nationalbibliothek: Die Deutsche Nationalbibliothek verzeichnet diese Publikation in der Deutschen Nationalbibliografie; detaillierte bibliografische Daten sind im Internet über http://dnb.d-nb.de abrufbar.

Information bibliographique publiée par la Deutsche Nationalbibliothek: La Deutsche Nationalbibliothek inscrit cette publication à la Deutsche Nationalbibliografie; des données bibliographiques détaillées sont disponibles sur internet à l'adresse http://dnb.d-nb.de.

Coverbild / Photo de couverture: www.ingimage.com

Verlag / Editeur:
Éditions universitaires européennes
ist ein Imprint der / est une marque déposée de
OmniScriptum GmbH & Co. KG
Heinrich-Böcking-Str. 6-8, 66121 Saarbrücken, Deutschland / Allemagne
Email: info@editions-ue.com

Herstellung: siehe letzte Seite /
Impression: voir la dernière page
ISBN: 978-613-1-59278-2

Table des matières

Table des illustrations

Liste des Tableaux

Liste des Figures

Acronymes et Abréviations

EURO	:	Association of European Operational Research Societies
EWG-DSS	:	EURO working group on Decision Support Systems
NWB	:	Network Workbench
SIAD	:	Systèmes Interactifs d'Aide à la Décision
UML	:	Unified Modeling Language
EJOR	:	European Journal of Operational Research
RSD	:	Revue des systèmes de décision
IRIT	:	Institut de Recherche en Informatique de Toulouse

Introduction

Notre recherche s'inscrit dans l'étude des réseaux sociaux qui présente un domaine en pleine expansion dans les sciences humaines et au-delà (informatique, commerce, etc.). L'encyclopédie e-business[1] définit un réseau social comme : « Communauté d'individus ou d'organisations en relation directe ou indirecte, rassemblée en fonction de centres d'intérêts communs, comme par exemple les goûts musicaux, les passions ou encore la vie professionnelle ». Dans le domaine de l'analyse des réseaux sociaux, nous nous sommes plus particulièrement intéressés à l'analyse des réseaux de collaboration entre scientifiques [Newman 2001a], [Newman 2001b]. Au niveau des outils d'analyse nous avons mis l'accent sur les outils de visualisation comme ceux de [Henry et al 2007], [Heer et al 2005].

L'objet de notre travail consiste à comparer des mesures de similarité. Cette comparaison a pour cadre applicatif la cartographie des réseaux de collaborations scientifiques dans un groupe de travail européen. Pour répondre à cette problématique nous aurons d'abord besoin de mener une réflexion sur les moyens de constituer un réseau de collaboration. Le principe retenu sera d'utiliser une mesure de similarité entre les profils scientifiques (ensemble de publications d'un membre du réseau). Nous aurons donc à comparer plusieurs

---

[1] http://www.journaldunet.com/encyclopedie/definition/1053/41/21/social_networking.shtml

mesures et à choisir les mesures les plus adéquates pour ce problème. Ensuite, nous avons mis au point un outillage méthodologique et technique pour évaluer qualitativement et quantitativement le fonctionnement du groupe. Ce travail permettra, entre autre, de comparer plus finement les mesures de similarité retenues à l'étape précédente.

Cet outillage a été ensuite utilisé dans le cadre d'une expérimentation sur un groupe de travail sur les systèmes d'aide à la décision (Euro Working Groupe on Decision Support Systems). Les résultats ont été soumis à un ensemble de responsables de ce groupe de travail. Nous ferons part des principaux résultats de cette validation.

.La présentation de notre travail s'articule en trois chapitres. Le premier présente le contexte et le cadre applicatif de notre recherche. Le second chapitre rend compte à la fois de notre parcours méthodologique – du choix des indices de similarité à la phase de collecte de données – et de l'outillage technique mise en œuvre pour cette étude. Enfin, dans le troisième chapitre, nous présentons les résultats de l'étude, à savoir l'analyse des graphes obtenus et la comparaison des deux mesures de similarité employées.

Contexte de la recherche

Dans ce premier chapitre, nous présentons le cadre général de notre recherche, à savoir le domaine des réseaux sociaux. Ensuite nous définissons le cadre applicatif dans lequel s'inscrit notre étude, en présentant le Groupe EWG-DS.

Section 1 : Les réseaux sociaux

Ce travail s'intègre dans un domaine plus large qui est celui de l'analyse des réseaux sociaux qui fait partie des sciences sociales puisqu'il étudie tout type de communautés (communautés d'amis, de scientifiques, d'artistes, etc.). Une de ses caractéristiques est qu'il utilise les mathématiques et les statistiques pour pouvoir analyser et calculer les relations entre membres de diverses communautés. Nous nous préoccuperons dans ce mémoire de calculer les collaborations existantes entre membres d'un groupe de travail. En particulier les formalismes mathématiques qu'utilisent les réseaux sociaux sont ceux de la théorie des graphes ou de l'algèbre linéaire pour représenter ces groupes de personnes et pour pouvoir mesurer l'évolution de ces groupes.

1.1 Autour de la notion de réseau social

1.1.1 Histoire

La notion de réseau doit ses origines à un référent technique émanant de la culture populaire et à un référent scientifique provenant de la culture savante. Au XVIIe siècle, le mot *réseau* est un mot technique et populaire utilisé par les tisserands et les vanniers pour désigner l'entrecroisement de fibres textiles et végétales. La notion de réseau va se développer au XVIIe siècle grâce au génie militaire qui réalise des fortifications (réseau de fortification). Le sens moderne apparaîtra au XIXe siècle dans la culture savante, employé par les topographes pour désigner la triangulation de l'espace et par les médecins pour désigner l'appareil sanguin [A. Chollet 2006].

De nos jours, la notion de réseau est chargée de sens, car le même mot désigne des lieux, des flux, des structures, des personnes. Elle est utilisée par de nombreuses disciplines (géographie, sociologie, urbanisme, sciences humaines, télécommunication, etc.).

Tout réseau social étudié (réseau d'amis, de scientifiques, d'entreprises, etc.) possède les caractéristiques suivantes, à savoir :

– Interaction entre les membres ;

– Partage de données, d'intérêts communs et d'objectifs communs (connaissances – compétences...) ;

– Groupement de profils et de groupes par centre d'intérêt.

1.1.2 Objectif des réseaux sociaux

Comme étant un ensemble d'acteurs en interaction, les réseaux sociaux répondent à trois objectifs principaux :

- L'expression de soi. Par exemple :

    - Chaque utilisateur s'exprime sur sa fiche utilisateur, son profil, et enrichit son contenu ;

    - Il communique des informations personnelles qui permettent aux autres utilisateurs de le reconnaître, ou de le découvrir.

- Mettre en relation. Par exemple :

    - Les utilisateurs peuvent entrer en relation entre eux directement ou par l'intermédiaire d'une connaissance commune ;

    - Cette relation est généralement matérialisée par une liste d'amis ou de contacts, publique ou privée ;

    - L'utilisateur peut aussi entrer en relation avec des marques, des artistes, des lieux, etc.

- Communiquer. Par exemple :

    - L'utilisateur a à sa disposition une large variété d'outils pour communiquer (messagerie, instant messager, Visio, dédicace/livre d'or sur le profil d'un contact, partage de contenus);

    - Cette communication peut être enrichie (invitation à des événements, partage d'idées, etc.).

1.1.3 Le concept des réseaux sociaux aujourd'hui

Sur le web, le concept des réseaux sociaux est en plein essor, principalement sur les plateformes les plus récentes par exemple Facebook, mais aussi sur celles présentes depuis plusieurs années comme le montre la figure 1.1.

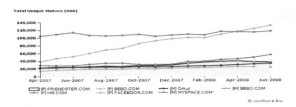

Figure 1. 1 : Augmentation de fréquentation des réseaux sociaux[2]

Voici une carte représentant la répartition des réseaux sociaux par pays et par réseau, datée de novembre 2008.

Figure 1. 2 : Carte mondiale des réseaux sociaux[3]

De plus en plus de réseaux sociaux se spécialisent autour de thématiques précises (rencontres, passion, musique, etc.). Ainsi des acteurs partageant un centre d'intérêt rejoignent le même groupe et ainsi de suite. Dans le tableau ci-dessous (Figure 1.3) en peut voir comment les réseaux peuvent se spécialiser sur des thèmes divers.

---

[2] Source : TechCrunch.com (par Michael Arrington - adaptation: Alain Eskenazi -12 août 2008)

[3] Source : http://www.oxyweb.co.uk/blog

Figure 1. 3 : L'usage des réseaux sociaux

1.1.4 L'analyse des réseaux sociaux

Sachant que les réseaux sociaux attirent des acteurs partageant un centre
d'intérêt, une même passion, un engouement pour une même personnalité
politique, nous ne pouvons nous limiter à une vision globale ou à la structure du
réseau mais constituer une analyse plus fouillée concernant le contenu des
échanges (savoir qui parle, sur quoi, avec qui, et en quels termes), représentant
autant d'informations disponibles pour l'analyse. Par exemple la figure 1.5
représente un graphe de collaboration entre plusieurs auteurs d'articles
scientifiques. A l'aide de cette représentation, il est facile de répondre à des
questions globales (quelles sont les personnes principales ? comment
collaborent-elles ?) ainsi qu'à des questions particulières (telle personne a-t-elle
déjà travaillé avec telle autre ?) [Borner et al 2004].

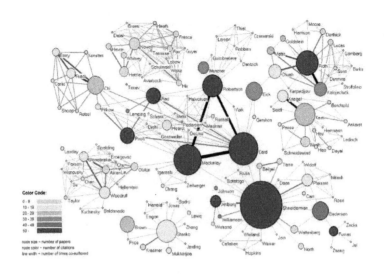

Figure 1. 4 : Graphe de collaboration entre plusieurs auteurs d'articles scientifiques

L'analyse des réseaux ne s'arrête pas là, elle peut s'étendre à l'analyse de l'interaction entre acteurs, interaction qui peut être informelle et en dehors de réseaux. Sur le web, l'acteur peut acheter, comparer, répondre à un questionnaire, suivre une recommandation. Chaque acteur laisse alors des traces et une énorme masse d'information sur ses choix, ses préférences, ses goûts ou encore ses opinions. Donc il ne reste qu'à recueillir ces informations et à les analyser pour pouvoir peut-être réagir à temps, faire une prévision, une estimation ou une comparaison ce qui rend l'analyse des réseaux sociaux à cheval avec le data mining.

Un exemple de comparaison est donné par les deux graphes des figures 1.5 et 1.6. Le graphe « réseau *Obama* » est de type distribué alors que celui de

MacCain est focalisé. Le type distribué est le signe d'une communication gagnante[4].

Figure 1. 5 : Le réseau de Barack Obama **Figure 1. 6** : Le réseau de John McCain

La visualisation de ces réseaux sociaux est basée sur la théorie des graphes ou parfois sur l'algèbre linéaire. Ainsi les acteurs (les individus, les communautés, les organisations les organisations, etc.) communiquant ensemble, sont représentés par des points ou nœuds, reliés les uns aux autres par des droites symbolisant leurs relations.

1.2 Outils de visualisation

Les outils de visualisation des réseaux sociaux sont de plus en plus nombreux. On peut les classer selon l'approche utilisée pour la visualisation du réseau (visualisation nœuds-liens, visualisation basée sur les matrices, etc.) [Henry.2008].

---

[4] Pascal Cottereau *"Panorama des réseaux sociaux ou comment optimiser sa Communication"* mp6, Information to Knowledge, www.mp6.fr

1.2.1 Visualisation nœuds-liens

Le premier type utilisé pour la visualisation de réseaux sociaux, est la visualisation nœuds-liens (Figure 1.7) qui a été mise en œuvre dans de nombreux outils (Vizster, Ask-Graph View et Social Action).

Figure 1. 7: Visualisation nœuds-liens

- **Vizster :** une visualisation centrée utilisateur

[Heer et al.2005] ont proposé un exemple de visualisation interactive nommé *Vizster* qui permet de naviguer dans un réseau social en se focalisant sur un acteur. Il s'agit donc d'avoir une stratégie centrée utilisateur. L'utilisateur n'a jamais une vue générale du réseau mais l'explore en naviguant.

Figure 1. 8 : Vizster - une visualisation centrée utilisateur

- **Ask-Graph View** : Navigation et agrégation

Plus récemment [Abello et al.2006] ont proposé l'*AskView* qui permet de naviguer interactivement dans de très grands réseaux. Une matrice permet d'avoir une vue d'ensemble du réseau. Un arbre permet de naviguer dans les différents niveaux d'échelle. Il fournit également les outils pour filtrer et colorier l'annotation et les étiquettes des groupes représentant le réseau.

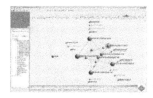

Figure 1. 9 : Ask-GraphView - navigation et agrégation

• **SocialAction** : mesures et processus d'analyse

[Adam et al.2006] ont proposé, quant à eux, un outil nommé *SocialAction* qui utilise des visualisations nœuds-liens et propose plusieurs mesures de centralité. Le principe est de visualiser les résultats sur la visualisation (en utilisant les couleurs) et de filtrer interactivement les résultats pour obtenir une visualisation lisible. *SocialAction* propose aussi de guider l'exploration par des barres d'avancement dans les diverses étapes d'une analyse systématique.

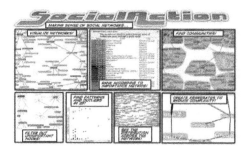

Figure 1. 10 : SocialAction - mesures et processus d'analyse

1.2.2 Visualisation basée sur les matrices

Le second type de visualisation des réseaux sociaux est une visualisation basée sur les matrices. De multiples travaux ont été réalisés en s'appuyant sur cette technique. A titre d'exemple [Henry et al.2006] ont proposé un système

MatrixExplorer destiné à explorer des réseaux sociaux. Il permet également de combiner les deux visualisations : lorsque l'utilisateur modifie une visualisation alors il peut voir simultanément la visualisation initiale ainsi que le résultat de sa modification sur l'autre partie. L'idée est d'utiliser la meilleur des deux visualisations.

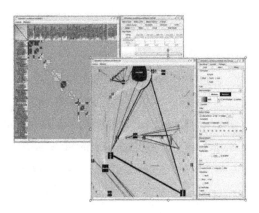

Figure 1. 11 : MatrixExplorer - combiner nœuds-liens et matrice

1.2.3 Visualisation hybride

Pour profiter des avantages des deux méthodes traditionnelles (matrice et nœud-liens) pour la visualisation des réseaux sociaux il existe aussi des méthodes hybrides. Citons comme exemple **NodeTrix.** [Henry et al.2007] ont proposé un autre outil nommé *NodeTrix* qui propose une visualisation hybride pour visualiser les réseaux sociaux. Alors cet outil utilise les visualisations nœuds-liens pour visualiser l'ensemble du réseau mais permet de transformer les parties très denses en matrices. Plusieurs interactions permettent de manipuler cette visualisation hybride de façon très intuitive.

Figure 1. 12 : NodeTrix - utiliser une visualisation hybride

1.2.4 Autres stratégies

Excepté les techniques citées ci-dessus il existe d'autres stratégies pour la visualisation des réseaux sociaux comme la visualisation par arbre, par substrat sémantique et par histogramme.

- **Treeplus :** visualiser un graphe comme un arbre

[Bongshin et al.2006] ont développé *TreePlus* qui permet de visualiser un graphe sous forme d'arbre. Le principe de cet outil est d'utiliser une visualisation d'arbre car elle est plus simple à dessiner et limite les croisements de liens et les occlusions de nœuds, ce qui la rend plus lisible. Cette représentation est locale, il faut naviguer dans la visualisation pour explorer le réseau entièrement.

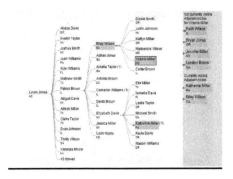

Figure 1. 13 : Treeplus - visualiser un graphe comme un arbre

• **NVSS :** visualiser le substrat sémantique

[Shneiderman et al.2006] ont proposé un outil nommé *NVSS* (Network Visualisation by Semantic Substrates) qui permet de visualiser le substrat sémantique d'un réseau. Il s'agit de placer les nœuds dans l'espace suivant deux axes au sens défini (par exemple l'ordre chronologique sur les abscisses et la popularité des acteurs sur l'axe des ordonnées). Une fois cette carte placée, les liens sont affichés interactivement par l'utilisateur.

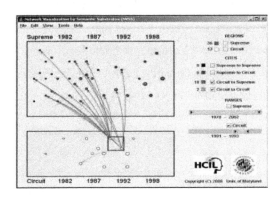

Figure 1. 14 : NVSS - Visualiser le substrat sémantique

14

• **NetLens:** visualiser un réseau avec des histogrammes

[Kang et al.2006] ont proposé un outil nommé *NetLens* qui fait totalement abstraction de la visualisation nœuds-liens et de la visualisation matricielle. Il s'agit de visualiser un réseau social par des listes et des histogrammes. L'utilisateur utilise l'interaction pour faire des requêtes et analyser le réseau.

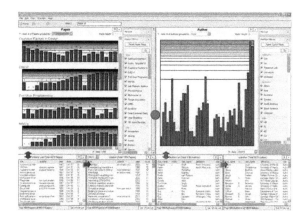

Figure 1. 15 : NetLens: visualiser un réseau avec des histogrammes

1.3 Indices de similarité pour mesurer les liens dans les réseaux

1.3.1 Généralité sur les mesures de similarité

Tout système ayant pour but d'analyser ou d'organiser automatiquement un ensemble de données ou de connaissances doit utiliser, sous une forme ou une autre, un opérateur de similarité dont le but est d'établir les ressemblances ou les relations qui existent entre les informations manipulées [Bisson 1994]. Cette notion de similarité a fait l'objet d'importantes recherches dans des domaines extrêmement divers tels que l'Analyse des Données, la Reconnaissance des Formes, les Sciences Cognitives ou encore l'Apprentissage Symbolique, les Ontologies ou encore le traitement d'image. Conséquence de cette diversité, de nombreuses mesures de ressemblance (similarité ou dissimilarité), et plusieurs indices et critères sélectionnés en fonction de leurs propriétés mathématiques et de leur intérêt pratique, ont été développées tout en s'adaptant à la nature des données recueillies, mais également aux différents objectifs visés.

Dans ce qui suit, nous allons décrire quelques unes des mesures de similarité qui sont couramment utilisées, ainsi que celles qui présentent un caractère original au travers d'une étude bibliographique.

1.3.2 Qu'est ce qu'une similarité ?

Dans tous les domaines de l'informatique pour lesquels on désire analyser de manière automatique un ensemble de données, il est nécessaire de disposer d'un opérateur capable d'évaluer précisément les ressemblances ou les dissemblances qui existent au sein de ces données. Sur cette base, il devient alors possible d'ordonner les éléments de l'ensemble, de les hiérarchiser ou encore d'en extraire des invariants. Pour qualifier cet opérateur nous utiliserons le terme de *fonction de similarité* ou plus simplement celui de *similarité* [Bisson 1994].

« La similarité entre deux éléments peut être définie comme le contraire de la distance qui caractérise l'écart entre ces deux éléments ; elle exprime leur degré de ressemblance et non celui de leur différence » [Samuel 2008]. Lorsqu'on dispose d'un tableau de données avec M Objets et N variables caractérisant ces objets, on peut calculer entre chaque paire d'objet un indice de similarité. À partir de la matrice de similarité ainsi obtenue, on peut construire un graphe dont les sommets sont les objets et dont les arêtes sont valuées par l'indice de similarité correspondant.

1.3.3 Quelques mesures de similarité

Dans la littérature on trouve plusieurs mesures de similarités exprimées sous des formes multiples et mises en œuvre dans de nombreux domaines tout en s'adaptant à un type de données particulier. « Concrètement, la pertinence des résultats dépend du choix d'un indice de similarité approprié au type de données à traiter » [Samuel 2008].

Ainsi lorsqu'on compare 2 objets sujet d'analyse ayant chacun pour un descripteur donné la valeur "zéro", ce double zéro pose le problème de la ressemblance. C'est la raison pour laquelle on distingue deux classes d'indices d'association. Les indices qui considèrent le double zéro comme une ressemblance (au même titre que les doubles 1) sont dits symétriques, les autres asymétriques [Legendre 1998].

Autrement dit, le principe général de construction de tous ces indices est le même, la similitude est estimée par le nombre d'accord qui dépend lui-même du sens que l'on donne à la modalité absence ou 0. Deux cas de figure se manifestent à savoir :

- Si l'on considère que seule la modalité 1 est informative, la modalité 0 traduisant surtout une absence d'information, alors le nombre d'accord cherché est simplement le nombre de Cooccurrence. L'indice sera alors asymétrique.
- Si 0 et 1 sont informatifs, alors le nombre d'accord sera : le nombre de Cooccurrence et Co-absence. L'indice sera alors symétrique.

Ainsi on obtient la classification des indices de similarité présentée dans la figure 1.16.

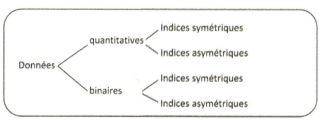

Figure 1. 16 : Classification des indices de similarité

❖ **Pour les données quantitatives**

En ce qui concerne les objets décrits par des variables quantitatives, il existe plusieurs indices de similarité divisés en deux catégories : indices de similarité quantitatifs symétriques et indices de similarité quantitatifs asymétriques.

• **Indices de similarité quantitatifs symétriques**

En générale, l'indice fait le rapport entre le nombre de variables ayant le même état pour les deux objets et le nombre total de variables. D'autres indices de cette catégorie sont intéressants parce qu'ils permettent de comparer au sein d'un même objet des variables de types mathématiques différents. On calcule pour chaque paire d'objets, des similarités partielles pour chaque variable, puis on fait la moyenne des similarités obtenues. L'indice de Gower est de ce type.

- Indice de **Gower** : $S = (1/n) *$ (somme des S_p pour chaque espèce)

avec $Sp = 1 - [|(C1-C2)|/la$ plus grande différence], soit la réciproque du rapport de la différence d'abondance entre les deux relevés pour un objet d'analyse et de la plus grande différence d'abondance observée pour toutes les espèces (C1 et C2 sont respectivement les abondances de l'objet 1 et l'objet 2).

• **Indices de similarité quantitatifs asymétriques**

Cette catégorie, destinée aux données d'abondances d'objet d'analyse, recèle plusieurs indices fréquemment utilisés. Nous en Mentionnons deux: l'indice de Steinhaus et l'indice de Kulczynski :

- Indice de **Steinhaus** : $S = [2W / (A+B)]$

- Indice de **Kulczynski** : $S = [(W/A) + (W/B)] / 2$

A et B représentent respectivement la somme des abondances pour les objets d'analyse 1 et 2. W est la somme des minimums d'abondance pour chacune des variables.

Ces deux indices produisent des valeurs bornées entre 0 (les deux objets d'analyse sont complètement différents) et 1 (les deux objets d'analyse sont identiques).

Exemple :

	Var.1	Var.2	Var.3	Var.4	Var.5	
Objet.1	70	3	4	5	1	A=83
Objet.2	64	4	7	4	3	B=82
Minimum	64	3	4	4	1	W=76

D'où :

- Indice de **Steinhaus** : $S = [2W / (A+B)] = (2 \times 76)/(83+82)=0.921$
- Indice de **Kulczynski** : $S = [(W/A) + (W/B)] / 2= [(76/83)+(76/82)]/2=0.921$

❖ **Pour les données binaires**

De nombreux indices de similarité ont été proposés dans le cas d'objets décrits par des variables binaires (0 ou 1). La compréhension de ces indices mesurant la similarité est facilitée par l'utilisation du tableau de contingence suivant.

		Objet 1	
		1	0
Objet 2	1	a	c
	0	b	d

a : le nombre d'attributs qui valent 1 dans Obj1 et dans Obj2 (doubles-présences ou Co-occurrence ou doubles-1)

b : le nombre d'attributs qui valent 1 dans *Obj1* et 0 dans *Obj2*

c : le nombre d'attributs qui valent 0 dans *Obj1* et 1 dans *Obj2*

d : le nombre d'attributs qui valent 1 dans Obj1 et dans Obj2 (doubles-absences ou Co-absence ou doubles-0)

a+b+c+d =N : le nombre total de description (variables)

a et d : le nombre de concordance (de ressemblance)

c et b : le nombre de discordance (de différence)

Les indices sont présentés sous la forme de similarités S, mais peuvent s'exprimer très facilement sous la forme de dissimilarités D en calculant D = 1 – S, lorsque S varie dans l'intervalle [0, 1], et en calculant D = (1 – S)/2 lorsque S varie dans l'intervalle [-1, +1].

- **Indices de similarité binaires symétriques**

Les indices de cette catégorie :

- s'applique sur des données binaires (0 ou1) ;
- traitent un double zéro de la même manière qu'un double 1.

L'indice de simple concordance ou l'indice de Sokal & Michener : il est le plus typique représentant de cette catégorie. Il se construit de la manière suivante :

	Var.1	Var.2	Var.3	Var.4	Var.5	Var.6
Objet.1	1	1	0	0	1	0
Objet.2	1	0	1	0	0	1
	↓ a	↓ b	↓ c	↓ d	↓ b	↓ c

$$S= (a + d) / (a + b + c + d) \text{ ou encore } S = (a+d) / N$$

Indice de Rogers & Tanimoto : S= (a + d) / (a + 2b + 2c + d). Résultat dans l'intervalle [0, 1].

Construit selon le modèle de l'indice de Sokal & Michener, cet indice donne aux différences (termes b et c) un poids deux fois plus important qu'aux concordances (termes a et d).

Indice de Sokal & Sneath 1: S = (a+d) / [a+d+ (b+c)/2] ou encore S= (2a + 2d) / (2a + b + c + 2d). Résultat dans l'intervalle [0, 1]. Construit selon le modèle de l'indice de Sokal & Michener, cet indice donne aux concordances (termes a et d) un poids deux fois plus important qu'aux différences.

- **Indices de similarité binaires asymétriques**

Cette catégorie forme le pendant de la précédente et est destinée à comparer des objets sur la base de présence-absence de variables. Les formules sont du même type que ci-dessus, mais ne font pas intervenir le cas des doubles zéros. « Les indices les plus connus sont celui de Jaccard ou de communauté et celui de Sørensen » [Legendre 1998].

Indice de Russel et Rao : $S = a / (a+b+c+d)$ *ou encore* $S = a / N$

Indice de Simpson : $a / \min [(a+b), (a+c)]$

Indice de Braun-Blanquet : $a / \max [(a+b), (a+c)]$

Indice de Ochiai : $S = a / [(a+b) (a+c)]^{1/2,}$ l'indice de Ochiai utilise comme mesure de similarité le rapport entre les doubles présences et la moyenne géométrique des totaux marginaux des présences.

Variante de Kulczynski 1: $S = \frac{1}{2} [a / (a+b) + a / (a+c)]$ ou encore $S = (a/2) ([1/ (a+b)] + [1/ (a+c)])$. Cet indice oppose les doubles-présences aux totaux marginaux (c+d) et (b+d).

Indice de Jaccard ou indice de communauté: $S = a / (a+b+c)$, Résultat dans l'intervalle [0, 1]. Donne un poids égal aux différents termes, et ne prend pas en considération les doubles-0 (terme **d**).

Indice de Dice ou Sorensen: $S = 2a / (2a + b + c)$ ou encore $S = a / [a + (b + c)/2]$ où **a** est divisé par la moyenne arithmétique des nombres de 1 pour i et j. Résultat dans l'intervalle [0, 1]. Construit selon le modèle de l'indice de Jaccard, cet indice donne un poids deux fois plus élevé aux termes de cooccurrence (terme **a**).

Variante de Jaccard : $S = 3a / (3a+b+c)$, multiplie par trois le poids des doubles-1(terme **a**).

Indice de Sokal & Sneath 2 : S = a / (a + 2b +2c). Résultat dans l'intervalle [0, 1]. Construit selon le modèle de l'indice de Jaccard, cet indice donne un poids deux fois plus élevé aux différences figurant au dénominateur (termes b et c).

Section 2 : Cadre applicatif – le groupe EWG-DSS

Conscient de l'importance des réseaux sociaux et soucieux d'encourager la coopération entre chercheurs, le comité de direction du groupe de travail européen EWG-DSS sur les Systèmes d'Aide à la Décision a décidé d'initier un projet international consistant en la création d'un réseau social académique. Trois équipes sont impliquées dans ce projet : une équipe de chercheurs portugais *UNINOVA*, une équipe de chercheurs autrichiens *Univ. Graz* et une équipe de chercheurs français *IRIT/IC3*.

L'objectif de ce projet est de dresser une cartographie des collaborations existantes entre les membres de ce groupe de travail européen. Cette analyse permet d'évaluer les collaborations depuis la création de ce groupe en 1989 jusqu'à aujourd'hui.

2.1 Présentation

Le groupe de travail européen sur les systèmes d'aide à la décision EWG-DSS[5] fait partie de l'association européenne des sociétés de recherche opérationnelle (EURO) au sein de la fédération internationale des sociétés de recherche opérationnelle (IFORS). Le but d'EURO est de promouvoir la recherche opérationnelle dans toute l'Europe en regroupant 29 groupes internationaux de travail sur différentes thématiques de recherche autour de la recherche opérationnelle.

---

[5] http://www.euro-oline.org

2.2 Historique

L'EURO Working Group on Decision Support Systems (EWG-DSS) a été fondé à la suite d'un EURO summer Institut organisé à Madère, Portugal, en mai 1989. Cette école a été organisée par Jean-Pierre Brans et José Paixão. Elle comptait 24 participants de 16 nationalités différentes : des jeunes chercheurs et 5 professeurs.

Le principe d'une école d'été est le suivant : chaque participant jeune chercheur présente ses travaux en public. Les professeurs leur donnent quelques conseils (Figure 1.17).

Figure 1. 17 : Participants au EURO summer Institut organisé à Madère, Portugal, en mai 1989

Le nombre de membres EWG-DSS a considérablement augmenté tout au long des années. Il y a maintenant 99 membres de 17 nationalités.

Des coopérations scientifiques son nées au sein de ce groupe mettant en valeur le champ des SIAD (*Système Interactif d'Aide à la Décision*).

2.3 Activités

Depuis sa création, l'EWG-DSS a tenu des réunions annuelles dans différents pays européens et a pris une part active aux conférences EURO traitant de la recherche opérationnelle.

La première réunion de l'EWG-DSS a été tenue à Fontainebleau (France) en 1990; la deuxième à Bruges (Belgique) en 1991, et dernièrement à Toulouse (France) en 2008. En plus des réunions annuelles et des co-organisations d'EURO Conférences et de Mini-conférences, quelques activités scientifiques du groupe peuvent être citées à travers des éditions *numéros spéciaux* dans des journaux comme le *Journal européen de Recherche Opérationnelle* (EJOR); *Revue des Systèmes de Décision* (RSD).

Une liste de diffusion de messagerie électronique (ewg-dss@irit.fr) a été aussi créée, et est hébergée par l'Institut de Recherche en Informatique de Toulouse (IRIT) ce qui permet une communication plus dynamique entre les membres du groupe.

Ce groupe est animé par un comité international de trois personnes : P. Zaraté, France ; F. Dargam, Brésil ; R. Ribeiro, Portugal.

• Activités passées
En 2008, une conférence à été organisé en collaboration avec l'IFIP 8/TC8. Elle a été organisée à Toulouse (France), du 1 au 4 juillet 2008. Cette conférence a attiré 90 participants venant de 24 pays. Ainsi 69 papiers ont été soumis dont 34 ont été acceptés comme papiers longs.

• Activités futures
En 2009, l'EWG-DSS est impliqué dans l'organisation d'un thème complet sur la « Prise de décision appliquée » lors de la conférence EURO XXIII qui se déroulera à Bonn au 5 au 8 Juillet 2009.

Ce chapitre nous a permis de contextualiser notre travail qui s'inscrit dans le domaine de l'étude des réseaux sociaux. Après avoir présenté un état de l'art concernant les outils de visualisation des réseaux sociaux, nous avons proposé un état de l'art sur les mesures de similarité permettant de mesurer les liens de collaboration entre les membres des réseaux sociaux. Un choix parmi ces mesures sera justifié dans le chapitre suivant en fonction de la méthodologie adoptée et des données collectées. L'outillage méthodologique et technique de cette étude portant sur le groupe EWG-DSS sera également présenté dans le chapitre suivant.

Outillage

Les différents outils et méthodes, nécessaires à la réalisation de notre travail sont présentés dans ce chapitre. Dans une première section, nous allons présenter la méthodologie retenue en commençant par évoquer notre parcours méthodologique (choix des indices de similarité, contraintes relatives à la collecte des données). Une fois posée la méthodologie de notre travail, il nous reste à assurer une mise en œuvre informatique afin de faciliter son application, compte tenu de la masse importante des données à manipuler. Ce sera l'objet de la deuxième section de ce chapitre. Une troisième section sera dédiée à la présentation des outils de visualisation mis en œuvre.

Section 1 : Outillage méthodologique

1.1 Parcours méthodologique

1.1.1 Point de départ

Nous avons évoqué dans le chapitre 1-Section 2- que notre travail s'inscrivait dans le cadre d'un projet international de collaboration avec différentes équipes de chercheurs. Pour mener à bien ce projet, les tâches sont réparties comme suit :

- Equipe de chercheurs portugais : UNINOVA
  - Définition de la Méthodologie utilisée
  - Premières références sur les réseaux sociaux
  - Validation des résultats
- Equipe de chercheurs autrichiens : Univ. Graz
  - Définition de la Méthodologie utilisée

• Analyse et Interprétation des résultats

□ Equipe de chercheurs Français : Equipe IC3 (Nos tâches)

• Collecte des données

• Premiers résultats

En amont de notre travail une méthodologie à été définie par les chercheurs portugais. Cette méthodologie est décrite en détail dans une publication de comité de direction de ce groupe [Dargam et al. 2008]. Nous présentons ici cette méthodologie. La première étape consiste à dresser une matrice Booléenne Auteurs/Publications où la variable $AP_{ij} =1$ si l'auteur **i** a écrit la publication **j**, $AP_{ij} =0$ sinon. Matrice *objective* dressée directement à partir des données concernant les auteurs et leurs publications. La matrice R(A,P) se présente comme suit, Figure 2.1.

R (A, P)	Publications			
Auteurs	P1	P2	...	Pm
A1	AP_{ij}			
A2				
...				
An				

Figure 2. 1 : Matrice Booléenne (Auteurs, Publications)

La seconde étape consiste à dresser une matrice Booléenne Publications/Thèmes où la variable PTij =1 si la publication **i** appartient au thème **j**, PTij =0 sinon. Matrice *subjective* nécessite un travail manuel pour attribuer un thème à chaque publication. Cette matrice S(P,T) est présentée Figure 2.2

S (P, T)	Thèmes			
Publications	T1	T2	...	Tm
P1	PT_{ij}			
P2				
...				
Pn				

Figure 2. 2 : Matrice Booléenne (Publications, Thèmes)

La troisième étape consiste à la Génération d'une Matrice Booléenne Auteurs/Thèmes, produit des deux matrices précédemment citées où la variable ATij =1 si l'auteur i a écrit dans le thème j, ATij =0 sinon. Matrice *calculée* à partir des deux matrices Auteurs/Publications, Publications/Thèmes précédemment dressées. Cette matrice M1 (A, T) est présentée Figure 2.3.

M1 (A, T)	Thèmes			
Auteurs	T1	T2	...	Tm
A1	AT_{ij}			
A2				
....				
An				

Figure 2. 3 : Matrice Booléenne (Auteur, Thème)

1.1.2 Apport personnel

A partir des matrices précédemment décrites dans la méthodologie de projet, nous avons poursuivi le travail pour pouvoir, d'abord, générer les premiers réseaux pondérés, puis mesurer le réseau social de ce groupe par l'application des mesures de similarité et enfin comparer ces mesures appliquées. Pour atteindre ces buts nous sommes allés au-delà de la méthodologie proposée : A partir de la matrice R (A, P) nous avons appliqué des mesures de similarité pour obtenir une matrice triangulaire M (Auteur, Auteur), présentée Figure 2.4, mesurant les intensités des collaborations entre les auteurs de ce même groupe. AAij représente le degré de similarité entre l'auteur (i) et l'auteur (j).

Auteurs	A1	A2	...	An
A1	1	AA_{ij}		
A2	-	1		
....	-	-	1	
An	-	-	-	1

Figure 2. 4 : Matrice de similarité Triangulaire (Auteur*Auteur)

Une question se pose à ce stade : quelles mesures de similarité appliquer dans notre cas d'étude ? D'après l'état de l'art des mesures de similarité présenté au chapitre 2 (Section 2) il faut, avant tout choix, s'interroger sur la nature des données à manipuler et sur la nature des variables à interpréter.

1.2 Justification du choix des indices de similarité

La grande variété de mesures de similarité (voir chapitre 1 -Section 1- 1.3) est due à la nécessité de s'adapter aux traits caractéristiques et la nature des données à traiter selon qu'elles sont de types binaire ou quantitatif, symétrique ou asymétrique.

Ainsi le choix d'un indice approprié est fondamental, car toute analyse ultérieure se fera sur la matrice d'association qui en résulte. Bien que la liste d'indices de similarité, présentée dans le chapitre 1 (-Section 1- 1.3), ne soit pas exhaustive, elle soulève déjà un certain nombre de problèmes. Pourquoi choisir un indice plutôt qu'un autre ? Existe-il des règles bien définies conduisant à l'adoption d'un indice déterminé ?

Dans notre contexte d'étude, certaines de ces mesures ont des propriétés qui constituent un argument pertinent pour les rejeter, en particulier toutes les mesures qui traitent des données quantitatives. Nous ne retenons donc que les mesures traitant les données binaires puisque les variables manipulées dans les matrices définies ci-dessus sont binaires (0 ou 1).

1.2.1 Recherche d'un indice binaire adapté

Il ne reste alors qu'à choisir entre les indices de similarité binaires symétriques et les indices de similarité binaires asymétriques Pour comprendre la différence entre un indice symétrique et un indice asymétrique il faut répondre à cette question : la présence de la valeur « 0 » dans deux objets implique-t-elle leur ressemblance ? Si la réponse est oui alors l'indice est un indice symétrique ; si la réponse est non alors l'indice est un indice asymétrique.

Pour faciliter le choix, nous avons regroupé dans un tableau synthétique (tableau.2.1) tous les indices de similarité binaires (symétriques et asymétriques) cités dans le chapitre précédent afin trouver les plus appropriés à notre contexte d'étude.

Tableau 2. 1 : Indices de similarité binaires

Symbole	Auteurs	Expressions
Indices de similarité binaires asymétriques		
S1	Russel et Rao	a / N [6]
S2	Jaccard	$a / (a+b+c)$
S3	Sokal & Sneath 2	$a / (a + 2b + 2c)$
S4	Dice	$2a / [2a + b + c]$ ou $a / [a + (b + c)/2]$
S5	Simpson	$a / \min [(a+b),\ (a+c)]$
S6	Braun-Blanquet	$a / \max [(a+b),\ (a+c)]$
S7	Ochiai	$a / [(a+b)\ (a+c)]^{1/2}$
S8	Variante de Kulczynski 1	$(a/2)\ ([1/ (a+b)] + [1/ (a+c)])$
Indices de similarité binaires symétriques		
S 10	Sokal & Michener	$(a+d) / N$
S11	Rogers & Tanimoto	$(a + d) / (a + 2b + 2c + d)$
S12	Sokal & Sneath 1	$(a+d)/ [a+d+ (b+c)/2]$

Il faut obligatoirement trancher entre les deux types d'indices symétrique et asymétrique avant de choisir un indice de similarité. En effet le choix de l'indice (symétrique ou asymétrique) dépend entièrement de la nature des données à analyser et dans notre cas les données se prêtent d'avantage à une analyse par indice asymétrique (voir ci-dessous). En outre, le problème est de savoir s'il faut accorder plus d'importance aux coïncidences (0,0 ; 1,1) qu'aux différences (0,1 ; 1,0) et aux coïncidences positives (1,1) qu'aux coïncidences négatives (0,0) ? Selon la réponse que l'on obtient à cette question on utilisera dans notre contexte d'étude un indice ou un autre. Partant de nos données binaires qui présentent un nombre élevé de coïncidences négatives (terme **d**), l'interprétation des nombres de coïncidences positives (terme **a**) sera plus intéressante que celle de coïncidences négatives. Ceci

---

[6] N=a+b+c+d

peut se justifier par le fait que dans notre cas, les coïncidences négatives sont non significatives et n'apportent pas d'informations utiles. Ainsi l'indice choisi se focalise sur les coïncidences positives (terme **a**) et par conséquent il sera de la catégorie des indices de similarité binaires asymétriques (S1 à S8).

1.2.2 Recherche d'un indice binaire asymétrique adapté

A ce stade, il nous restera alors à choisir quel est l'indice binaire asymétrique le plus pertinent pour notre étude. Le numérateur de ces indices est toujours **a**. Le dénominateur représente une estimation du nombre d'accord que présenteraient deux sujets identiques. L'indice S1 (Russel et Rao, tableau 2.1) considère que ce le nombre d'accord est le nombre de variable N= (a+b+c+d). Ce choix n'est pas judicieux puisque dans notre cas deux individus ne peuvent alors être identiques que s'ils ont la valeur 1 pour toutes les variables.

Une autre approche serait de considérer le nombre d'accord, à la base de cette comparaison, comme le nombre de cooccurrences rencontrées pour l'objet 1(a, b) et le nombre de cooccurrences rencontrées pour l'objet 2 (a, c), ce que propose l'indice de Jaccard (S2). Cela revient, comme pour S1, à comparer (terme **a**) au nombre de variable (**N**) mais en traitant les double-0 comme des données manquantes (c'est-à-dire éliminer le terme **d**). Ce point de vue est, dans bien des cas, très raisonnable et explique le succès de cet indice qui est certainement le plus utilisé.

Examinons maintenant l'indice (S3) qui est une variété de l'indice (S2) et qui pondère la différence (terme **b** et terme **c**). Cette pondération n'est pas intéressante dans notre contexte puisqu'on s'intéresse aux coïncidences et non aux différences.

On peut également estimer le dénominateur (nombre d'accord) à partir des nombre de coïncidences positives (terme **a**) pour l'objet 1, (**a+b**) et pour l'objet 2, (**a+c**). Il est certain que ces deux valeurs ne sont plus égales et il faut définir une expression consensuelle. On peut prendre le minimum (S5), le maximum (S6), ou une série de valeurs entre ces deux extrêmes : la moyenne arithmétique(S4), la moyenne géométrique(S7), la moyenne harmonique (S8).

En définitive, nous retiendrons de préférence le comportement neutre de l'indice de Dice (S4) fondé sur la moyenne arithmétique d'une part et d'autre part parce qu'il représente une variante de l'indice de Jaccard (S2) tout en donnant un poids deux fois plus important aux coïncidences positives (terme **a**) par rapport aux différences (terme **b** et **c**).

		Objet 1	
		1	0
Objet 2	1	a	c
	0	b	d

Finalement le procédé de Jaccard (S2) qui exclut les coïncidences négatives (terme **d**) dans le calcul de l'indice a été retenu. L'indice de Dice (S4), une variante de l'indice de Jaccard a été également choisi d'une part parce qu'il pondère plus fortement les coïncidences positives (terme **a**) dans le calcul de l'indice et d'autre part pour son comportement neutre. Ces deux indices nous paraissent donc les mieux adaptés à nos données et à notre contexte d'étude.

Ces deux indices de similarité s'écrivent sous la forme :

- **Jaccard :** a / (a+ b+ c)
- **Dice :** 2a / [2a + b + c]

1.3 Collecte des données

Dans cette section, nous présentons notre étape de collecte de données. Les données collectées sont : la liste des membres du groupe, leurs publications, leurs domaines de recherche et leurs collaborations éventuelles avec d'autres membres de ce même groupe.

1.3.1 Sources de données

La première source de données est le site Web du groupe[7] qui nous a permis d'avoir une liste complète de membres ainsi que leurs adresses électroniques. Nous avons pu ainsi envoyer des mails à tous les membres et demander les informations nécessaires pour cette étude. Les pages Web personnelles des membres sont également une source importante d'information.

1.3.2 Prétraitement des données

Le prétraitement des données se décompose en deux phases principales : une phase de sélection et une phase d'organisation.

- **Sélection des données**

La sélection des données est une étape cruciale dans ce travail, en raison du volume important des données recueillies dans les pages personnelles des membres du groupe. L'étape de la sélection consiste à filtrer les données inutiles notamment en supprimant les données ne faisant pas l'objet de l'analyse.

Pendant la phase de tri, nous nous sommes appuyés sur des hypothèses : travailler avec la dernière liste des membres au 30 janvier 2009, un thème est retenu si plus d'un auteur y appartient, et enfin tous les thèmes sont inclus dans les domaines de recherche des membres.

Détermination de la liste finale d'auteurs :

La première liste brute des membres a été obtenue directement sur le site du groupe. Ensuite nous avons supprimé les auteurs qui n'ont pas répondu aux mails et ceux qui n'ont pas de page personnelle, en d'autres termes, ceux pour qui nous ne disposons d'aucune information. Nous avons été obligés de supprimer 30 auteurs de notre liste et nous ne conservons donc que 70 membres, soit 70% de la totalité de 100 membres : liste obtenue au 30 Janvier 2009.

---

[7] http://www.euro-oline.org

<u>Détermination de la liste finale des thèmes de recherche</u> :

A partir des réponses aux mails et des recherches dans les pages personnelles des membres, nous avons pu déterminer pour chaque auteur ses thèmes de recherche. Une phase de suppression de thèmes a été nécessaire puisque nous avons été confrontés à plusieurs problèmes concernant l'indentification des thèmes : soit des noms de thèmes différents mais qui renvoient au même thème de recherche, soit un thème qui peut regrouper plusieurs autres sous thèmes. A la fin de cette phase de sélection nous avons pu constituer une liste de 34 thèmes de recherche intéressant et couvrant la totalité des membres du groupe et qui sera utilisée tout au long de notre travail.

<u>Détermination de la liste finale des publications</u> :

Le nombre total de publications de tous les membres du groupe atteint 2500 publications. Nous avons ensuite procédé à la suppression de publications parues, pour un auteur, avant la date de son adhésion au groupe. Nous nous sommes référés aux données figurant sur le site Web du groupe pour connaître toutes les dates d'adhésion des membres. Nous n'avons pris en compte que les publications internationales comme des livres, des chapitres de livres, des conférences internationales ou des revues. Finalement, il a été nécessaire d'éliminer les publications redondantes (écrites par plusieurs auteurs membres de groupe). Il en résulte 1350 publications qui feront l'objet de cette étude.

- **Organisation des données**

Cette phase regroupe plusieurs tâches telles que :

- Affecter des publications à leurs auteurs respectifs à partir de la liste finale des publications après sélection ;

- Affecter un et un seul thème de recherche à chaque publication à partir aussi de la liste finale des thèmes après tri. Il faut bien mentionner que cette dernière tâche a été très lourde et a pris énormément de temps à mon encadrant à cause du grand nombre de publications (1350 publications).

A la fin de ces deux phases, la sélection et l'organisation de données, nous avons pu élaborer 4 listes de données qui feront l'objet de notre étude à savoir :

- Une liste de 70 membres ;
- Une liste de 34 thèmes de recherche ;
- Une liste de 1350 publications ;
- Une liste d'auteurs avec leurs publications et les thèmes affectés à chacune d'entre elles.

Une fois posée la méthodologie de notre travail, il nous reste à assurer la mise en œuvre informatique de cette méthodologie afin de faciliter son application compte tenu de la masse importante des données à manipuler. Ce sera l'objet de la section suivante suivant.

Section 2 : Outillage Technique

Dans cette section, nous présentons l'outil informatique développé dans le cadre de cette étude pour le calcul des matrices et la génération des fichiers pour la visualisation des réseaux de collaborations. Comme pour toute application informatique, la modélisation du système d'information est l'étape qui précède obligatoirement la phase l'implémentation.

Nous présentons donc dans un premier temps la modélisation conceptuelle de notre outil et dans un deuxième temps nous présentons les interfaces développées.

2.1 Modélisation Conceptuelle

2.1.1 Choix de la méthodologie de conception et justification

Dans notre cas, nous choisissons le langage de modélisation UML acronyme d'Unified *Modeling Language* qui peut être traduit par "*langage de modélisation unifié* ». Il s'agit d'une notation permettant de modéliser un problème de façon standard. UML est avant tout un support de communication performant, qui facilite la visualisation et la compréhension de solutions objet, il est fortement recommandé dans la modélisation des logiciels informatiques puisque:

- Sa notation graphique permet d'exprimer visuellement une solution objet, ce qui facilite la comparaison et l'évaluation des solutions.
- L'aspect formel de sa notation limite les ambiguïtés et les incompréhensions.
- Son indépendance par rapport aux langages de programmation, aux domaines d'application et aux processus en fait un langage universel.

Tous les diagrammes UML de ce rapport ont été réalisés avec l'outil *Rational Rose*.

2.1.2 Modélisation conceptuelle statique

- **Diagramme de cas d'utilisation**

Le diagramme de cas d'utilisation a le niveau d'abstraction le plus élevé ce qui justifie son utilisation en premier lieu. Ce dernier permet de décrire le comportement du système du point de vue utilisateur. En effet, il représente la structure des grandes fonctionnalités nécessaires aux utilisateurs du système. C'est le premier diagramme du modèle UML, celui où s'assure la relation entre l'utilisateur et les objets que le système met en œuvre.

Le diagramme de cas d'utilisation de l'application est présenté dans la figure 2.5.

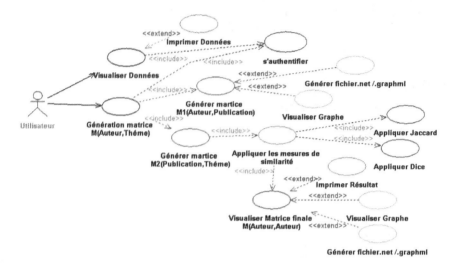

Figure 2. 5: Diagramme de cas d'utilisation

Le diagramme de cas d'utilisation a permis d'identifier une liste d'objets et d'acteurs constituant le système proposé. Pour exprimer la structure statique du système en termes de classes et des relations entre ces classes nous utiliserons, dans ce qui suit le diagramme de classes.

- **Dictionnaire de données**

Une phase indispensable avant la construction du diagramme de classe est la définition du dictionnaire de données (tableau 2.2).

Mnémonique	Libellé	Type	contrainte
Type_ utilisateur	Type utilisateur	Chaîne(10)	Non nul
Mot_de_passe	Mot de passe utilisateur	Chaîne(10)	Non nul
N_auteur	Numéro auteur	Chaîne(10)	Unique
Nom_auteur	Nom auteur	Chaîne(20)	Non nul
N_pub	Numéro publications	Chaîne(10)	Unique
Ref_pub	Référence publication	Chaîne(100)	Non nul
N_theme	Numéro thème	Chaîne(10)	Unique

37

| Lib_theme | Libellé thème | Chaîne(20) | Non nul |

Tableau 2. 2 : Dictionnaire de données

- **Diagramme de classe**

Le diagramme de classes est généralement considéré comme le plus important dans un développement orienté objet. Il représente l'architecture conceptuelle du système : il décrit les classes que le système utilise, ainsi que leurs liens. Le diagramme de classes relatif à l'application proposée est schématisé par la figure 2.6.

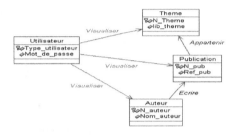

Figure 2. 6 : Diagramme de classe

2.1.3 Modélisation conceptuelle dynamique

- **Diagramme de collaboration**

Le diagramme de collaboration représente les objets participant au scénario, les communications entre les objets et les messages échangés. Il peut s'utiliser directement pour modéliser les interactions. Le diagramme de collaboration pour la visualisation des données traitées est représenté par la figure 2.7.

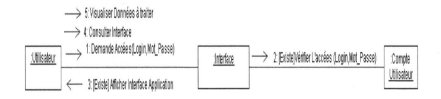

Figure 2. 7 : Diagramme de collaboration pour la visualisation les données

- **Diagramme de séquence**

L'objectif du diagramme de séquence est de montrer les interactions entre les objets selon un point de vue temporel. Le diagramme de séquence pour l'accès à l'application est présenté (figure 2.8).

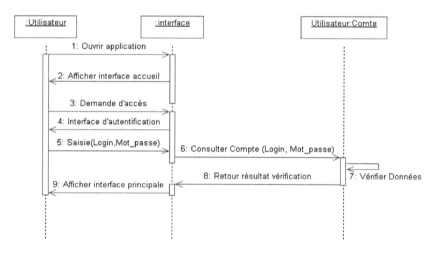

Figure 2. 8 : Diagramme de séquence pour l'accès à l'application

Comme il est présenté dans la figure précédente, avant l'accès à l'application, l'utilisateur doit être authentifié. Selon les données qu'il saisit, l'accès à l'application est soit autorisé soit refusé. Le diagramme de séquence pour la visualisation de la liste des auteurs est représenté par la figure 2.9. L'utilisateur est invité à choisir les données à visualiser. Après avoir reçu les données répondant au critère choisi, il a la possibilité de les parcourir et de les visualiser.

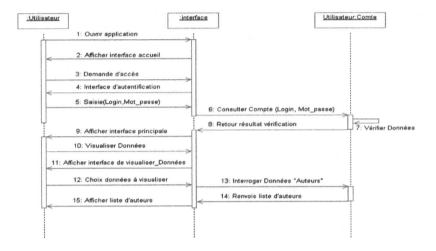

Figure 2. 9 : Diagramme de séquence pour visualiser la liste des auteurs

- **Diagramme d'état transition**

Les diagrammes d'états transitions décrivent les séquences d'états qu'un objet peut prendre au cours de sa vie. La modélisation du cycle de vie est essentielle pour représenter et mettre en forme la dynamique du système. Le diagramme d'état transition relatif à l'objet «compte» est celui de la figure 2.10.

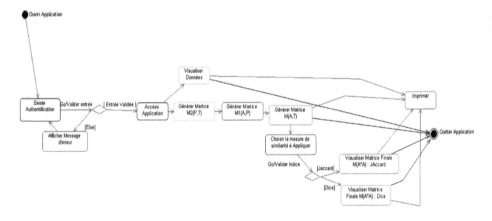

Figure 2. 10 : Diagramme d'états transitions de l'objet «compte »

2.2 Développement

Cette section présente la description des choix techniques. Ils concernent la méthode et le langage de programmation qui seront utilisés et les manières d'assurer les moyens de développement. Dans cette section nous ferons état d'une étude technique ainsi que d'une production de programmes.

2.2.1 Etude technique

L'étude technique est la traduction informatique des spécifications issues de la modélisation organisationnelle. Elle permet de déterminer la structure de la base de données, l'architecture des programmes et la structure de chaque programme ainsi que les accès aux données.

- Environnement de réalisation

Nous avons développé notre application, en utilisant un ensemble d'outils de développement et de logiciels de base sur une configuration matérielle favorisant l'exploitation de cet ensemble. Cette partie est divisée en deux volets : Matériels et logiciels de base et outils de développement.

- **Matériels et logiciels de base**

Toutefois, avant une visualisation complète de l'environnement logiciel, une présentation détaillée des matériels utilisés s'avère nécessaire. Notre application a été réalisée sur deux micro-ordinateurs ayant les caractéristiques suivantes :

Processeur : Intel (R) Core™ 2CPU
Fréquence d'horloge : 1.6 GHz
Mémoire vive : 1024 Mo
Disque dur : 100 Go
Système d'exploitation : Microsoft Windows XP
Microsoft Office 2007

Après avoir présenté les moyens matériels mis à notre disposition dans le cadre de la réalisation de ce travail, nous abordons dans la partie suivante la configuration logicielle utilisée.

- **Outils de développement**

Pour le développement de notre logiciel, il fallait avoir une bonne maîtrise de quelques outils de développement.

Rational Rose Entreprise Edition (2001)

Microsoft Office 2007

Visual Basic 2005 (.NET)

Sql Server 2000

Pajek 1.24

The Network Workbench (NWB) Tool Version: 1.0.0 beta

2.2.2 Présentation des interfaces développées

Dans cette partie nous allons présenter les interfaces de notre application.

La figure 2.11 présente l'écran de démarrage de notre application.

Figure 2. 11 : Ecran de démarrage

L'utilisateur peut accéder à l'application après authentification. La figure 2.12 montre la fenêtre d'authentification que l'utilisateur doit remplir avec ses propres données d'accès pour pouvoir accéder à l'application.

Figure 2. 12 : Ecran d'authentification

La figure 2.13 présente les données visualisées par l'utilisateur qui sont les données stockées dans la base de données.

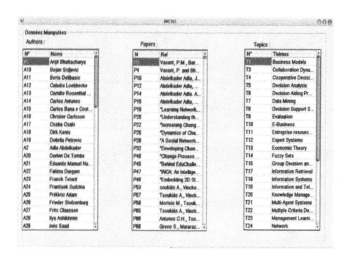

Figure 2. 13 : Ecran de visualisation des données

La figure 2.14 présente la matrice Booléenne (Auteur, Publication), Pour s'assurer de la lisibilité de la matrice, les cellules portant la valeur « 1 » sont coloriées en turquoise. Pour un auteur donné, les cellules « 1 » représentent ses publications.

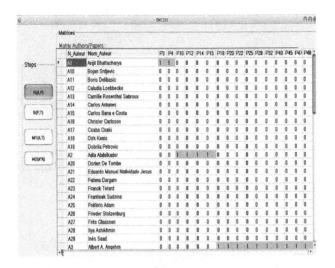

Figure 2. 14 : Ecran présentant la Matrice (Auteur, Publication)

La figure 2.15 nous permet de visualiser le graphe traduisant la matrice booléenne M (Auteur, Publication), les lignes de la matrice sont les nœuds du graphe (auteur) et les colonnes sont interprétées de façon à construire les arcs du graphe. Un arc relie deux auteurs ayant au moins une publication commune.

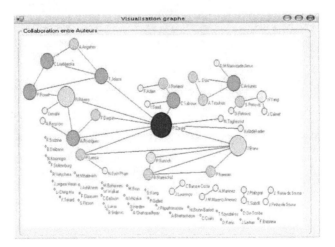

Figure 2. 15 : Ecran de visualisation du graphe de collaboration entre auteurs

La figure 2.16 présente la matrice Booléenne (Publication, Thème). Dans cette matrice toujours pour assurer une bonne lisibilité, les cellules portant la valeur « 1 » sont coloriées en vert. Chaque publication est affectée à un thème.

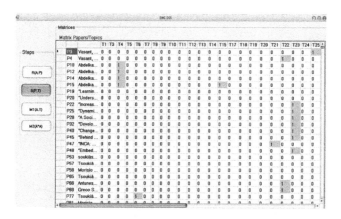

Figure 2. 16 : Ecran représentant la Matrice (Publication, Thème)

La figure 2.17 présente la matrice Booléenne (Auteur, Thème). Dans cette matrice toujours pour assurer une bonne lisibilité, les cellules portant la valeur « 1 » sont coloriées en bleu. Cette matrice est le résultat de la multiplication entre les deux matrices précédemment présentées dans les figures 2.14 et 2.16.

Figure 2. 17 : Ecran représentant la Matrice (Auteur, Thème)

La figure 2.18 présente la matrice Triangulaire Booléenne (Auteur, Auteur), pour laquelle deux indices sont calculés. La matrice triangulaire supérieure représente le calcule de similarité entre auteurs par l'indice de Jaccard (en vert) et la matrice triangulaire inférieure représente le calcule de similarité entre auteurs par l'indice de Dice (en violet).

Matrices
Matrix Authors /Topics :

	A1	A10	A11	A12	A13	A14	A15	A16	A17	A18	A19	A2	A:	A21	A22	A23	A24	A25	A26	A27	A28	A29	
A1	1	0,29	0	0	0	0,50	0,17	0,29	0	0	0,29	0	0	0,20	0,13	0	0	0	0,17	0	0	0	0
A10	0,17	1	0	0,06	0	0,11	0,14	0,25	0	0	0,25	0	0	0,17	0,11	0	0	0,08	0	0	0	0	0
A11	0	0	1	0	0	0	0	0	0	0	0	0	0	0	0	0	0	0	0	0	0	0	0
A12	0	0,03	0	1	0,13	0,06	0,07	0,13	0	0	0,13	0	0	0,08	0,13	0,25	0,14	0,40	0	0	0	0,17	0
A13	0	0	0	0,07	1	0,10	0	0,10	0	0	0,10	0,14	0	0,14	0,22	0,13	0,11	0,15	0,13	0	0	0,33	0
A14	0,33	0,06	0	0,03	0,05	1	0,14	0,25	0	0	0,25	0	0	0,40	0,11	0,14	0	0,08	0,14	0	0	0,17	0
A15	0,09	0,08	0	0,04	0	0,08	1	0	0	0	0	0	0	0,25	0	0	0,17	0,09	0	0	0	0	0
A16	0,17	0,14	0	0,07	0,05	0,14	0	1	0	0	0,43	0,17	0	0,17	0,25	0,14	0	0,17	0,33	0	0	0,17	0
A17	0	0	0	0	0	0	0	0	1	0	0	0	0	0	0	0	0	0	0	0	0	0	0
A18	0	0	0	0	0	0	0	0	0	1	0	0	0	0	0	0	0	0	0	0	0	0	0
A19	0,17	0,14	0	0,07	0,05	0,14	0	0,27	0	0	1	0	0	0,17	0,25	0,14	0	0,08	0,14	0	0	0,17	0
A2	0	0	0	0	0,08	0	0	0,09	0	0	0	1	0	0	0	0	0	0,10	0,67	0	0	0	0
A20	0	0	0	0	0	0	0	0	0	0	0	0	1	0	0	0	0	0	0	0	0	0	0
A21	0,11	0,09	0	0,04	0,08	0,25	0,14	0,09	0	0	0,09	0	0	1	0	0,17	0,25	0	0,10	0	0	0,33	0
A22	0,07	0,06	0	0,07	0	0,13	0,08	0	0	0	0,14	0	0	0,09	1	0	0,14	0,13	0,08	0	0	0,40	0
A23	0	0	0	0,14	0,07	0,08	0	0,08	0	0	0,08	0	0	0,14	0,08	1	0	0,17	0,33	0	0	0,25	0
A24	0	0	0	0,08	0,06	0	0,09	0	0	0	0	0	0	0	0	0,07	0,09	1	0,18	0	0	0,20	0
A25	0	0,04	0	0,25	0,08	0,04	0,05	0,09	0	0	0,04	0,05	0	0,05	0,04	0,20	0,10	1	0,08	0	0	0,10	0
A26	0,09	0	0	0	0,07	0,08	0	0,08	0	0	0,08	0,50	0	0	0	0	0	0,05	1	0	0	0	0
A27	0	0	0	0	0	0	0	0	0	0	0	0	0	0	0	0	0	0	0	1	0	0	0
A28	0	0	0	0	0	0	0	0	0	0	0	0	0	0	0	0	0	0	0	0	1	0	0
A29	0	0	0	0,09	0,20	0,09	0	0,09	0	0	0,09	0	0	0,20	0,25	0,14	0,11	0,05	0	0	0	1	0
A3	0	0	0	0,17	0,05	0	0	0,05	0	0	0	0,08	0	0	0,05	0	0,08	0,08	0,07	0	0	0,08	1
A30	0,25	0,20	0	0,04	0,07	0,20	0,11	0,20	0	0	0,20	0	0	0,50	0,20	0,11	0	0,05	0	0	0	0,14	0

Figure 2. 18 : Ecran de visualisation de la Matrice (Auteur, Auteur)

Cette section a été consacrée à la présentation de l'application développée et son implémentation ainsi qu'à l'illustration de ses interfaces graphiques. A partir des matrices issues de notre outil et après application des mesures de similarité nous avons obtenu des matrices triangulaires à partir desquelles des réseaux pondérés ont pu être extraits sous forme de fichiers .net et .XML. Pour représenter les réseaux à partir de ces fichiers, nous avons utilisé deux outils spécifiques à la visualisation des réseaux (Pajek et NWB).

Dans la section suivante nous allons donc définir ces outils de visualisation adoptés dans cette étude.

Section 3 : Choix des Outils de visualisation

Pour la visualisation des graphes nous avons utilisé les deux outils « Pajek » et « Network Workbench Tool » qui nécessitent respectivement des fichiers « .net » et «.XML ». Grâce à l'outil réalisé en VB.net, les matrices sont converties automatiquement en fichiers sous les deux formats demandés.

Le choix de ces deux outils à été effectué en tenant compte de l'option méthodologique du groupe EWG-DSS.

3.1 Pajek

Pajek[8] (prononcer páyèk), "araignée" en slovène, est un logiciel de traitement et de visualisation de grands réseaux. Il a été développé par deux chercheurs slovènes, Vladimir Batagelj et Andrej Mrvar en 1996 à l'université de Ljubljana.

Pajek s'est imposé comme un outil de référence en théorie des graphes et théorie des réseaux, ainsi que pour les chercheurs de disciplines diverses qui utilisent des notions issues de ces théories. Il comporte un module graphique faisant sa force et il subi plusieurs dizaines de mises à jour par an. Ainsi il est sans cesse amélioré ; et de plus il est gratuit.

En entrée, un "réseau" est représenté par un fichier d'extension « .net ».

3.2 Network Workbench Tool

Network Workbench Tool[9] est un logiciel de traitement et de visualisation de grands réseaux, qui offre différents outils de visualisation pour la recherche en biomédical, sciences sociales et en physique. Il utilise des dizaines d'algorithmes pour l'analyse et aussi pour la visualisation des réseaux. Il peut être installé et exécuté sur de multiples systèmes d'exploitation. Par exemple, entre autres: GUESS, Tree View Visualization, Tree Map Visualizationet Balloon Graph Visualization. En entrée, un "réseau" est représenté par un fichier d'extension « .graphml » ou » «.xml».

---

[8] http://vlado.fmf.uni-lj.si/pub/networks/pajek/
[9] http://nwb.slis.indiana.edu/

L'outillage méthodologique et technique a été présenté ici. Il nous reste à analyser les cartographies obtenues à partir des deux outils de visualisation et à comparer deux mesures de similarités utilisées. Ce sera l'objet du chapitre suivant.

Résultats de l'Etude

Le travail effectué nous a permis de dresser une cartographie des collaborations entre les membres du Groupe de travail européen sur les Systèmes Interactifs d'Aide à la Décision en nous appuyant sur des mesures de similarité qui permettent d'évaluer qualitativement et quantitativement le fonctionnement du groupe. Outre l'analyse des graphes obtenus, notre travail présente également l'intérêt de comparer des mesures de similarité très proches, Jaccard et Dice .Ce qui fera l'objet de ce chapitre.

Section 1: Analyse des graphes obtenus

A partir des deux outils cités dans le chapitre précédent, nous avons obtenu les cartographies de collaboration entre les membres d'EWG-DSS. L'objet "réseau" ou "cartographie" est constitué d'objets de deux types qui sont les éléments de base de la théorie des graphes : des "sommets" et des "arcs" ou "arêtes". A partir des données collectées et des matrices générées par l'outil réalisé (Chapitre 2 - section 2-) nous avons construit les divers graphes représentés ci-après.

1.1 Collaboration entre auteurs

La cartographie de la figure 3.1 a été réalisée par le logiciel Pajek, depuis des données résultant de la matrice binaire (Auteur, Publication). Le résultat indique la présence ou l'absence de liens entre les auteurs (sommets).Un lien représente une collaboration scientifique à partir des co-auteurs d'une ou plusieurs publications. Elle représente les liens existant entre les auteurs de ce groupe.

Elle permet en outre de visualiser la collaboration parmi les membres de ce groupe. Elle est représentée dans la figure 3.1 par la grosseur des nœuds qui représente le nombre de liens reliant ce même nœud aux autres nœuds du réseau, ce qui détermine le nombre d'auteurs en collaboration. Dans notre réseau et d'après la figure 3.1 nous pouvons observer différents catégories de membres selon leurs collaborations dans le groupe à savoir :

- les membres qui n'ont aucune collaboration;
- les membres qui ont entre 1 et 6 collaborations;
- les membres qui ont 9 collaborations.

On peut remarquer également la formation de quelques sous réseaux formé de:

- 2 membres. Par exemple : nœuds 34 et 15.
- 4 membres. Par exemple : nœuds (42, 14,5, 21) ;
- Ou de plus d'une quinzaine de membres.

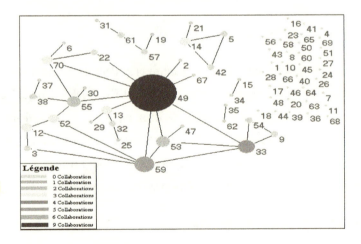

Figure 3. 1 : Cartographie de collaboration entre les membres de groupe (Pajek)

Les points isolés représentent les membres qui n'ont aucune collaboration au sein de ce groupe. Il peut y avoir plusieurs explications à savoir :

- il peut s'agir des membres sans publications (doctorant)
- pas de publication depuis l'adhésion au groupe

Nous atteignons là une des limites de notre recherche (page personnelle non mise à jour).

Nous avons cartographié dans ce qui précède un réseau humain, mais nous verrons aussi par la suite que nous pouvons faire de même avec les thèmes de recherche de manière à tracer des réseaux de relation entre ces thèmes.

1.2 Relations entre Thèmes

A partir de la matrice binaire (Auteur, Thème) résultat de la multiplication des deux matrices (Auteur, Publication) et la matrice (Publication, Thème) nous avons obtenu le réseau présenté par la figure 3.2 et qui regroupe les 34 thèmes de recherche de tous les membres du groupe et toutes les publications écrites par ces membres. Nous voyons ici toutes les relations existant entre ces thèmes de recherche avec des grosseurs de nœud différentes. La grosseur du nœud détermine le nombre d'auteurs écrivant dans ce thème. Il parait évident que le thème de DSS (Decision Support Systems) regroupe le plus grand nombre d'auteurs étant donné qu'il est le thème principal du groupe intitulé « EURO working groupe on decision support systems ». Deux autres thèmes regroupant aussi un nombre important d'auteurs sont le thème OR (Operations Research) et le thème MCDA (Multiple Criteria Decision Aiding).

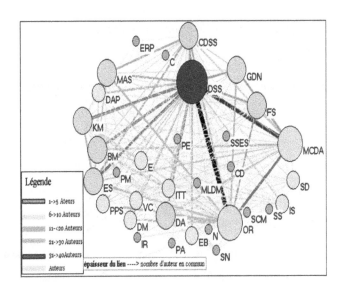

Figure 3. 2 : Cartographie de relations entre thèmes de recherche (Pajek)

Là encore nous pouvons sans trop de peine délimiter les thématiques de recherche partagées par cette communauté scientifique. En effet, les thèmes DSS, MCDA et OR forment un triplet fort avec plusieurs auteurs en commun, comme on peut le voir dans le réseau tissé à droite de la carte (figure 3.2). D'autres thèmes, comme KM (Knowledge Management) ou ES (Expert Systems), ont des liens (nombre d'auteurs en communs) forts avec le thème principal du groupe : DSS.

Section 2: Application des mesures de similarité

Dans cette section nous allons analyser les cartographies de collaboration issues respectivement des deux matrices triangulaires de similarité pour lesquelles nous avons appliqué la mesure de Jaccard et la mesure de Dice. À partir de ces matrices nous avons dressé diverses cartographies de collaboration. Les sommets sont toujours les différents auteurs du groupe. La définition des arcs est la suivante : il existe une arête entre deux sommets si les auteurs ont écrit au moins une publication ensemble. Le poids et l'épaisseur de cette arête diffère selon la mesure utilisée : Jaccard ou Dice.

2.1 Application de la mesure de Jaccard

A partir de la matrice triangulaire supérieure de la matrice (Auteur, Auteur), nous avons pu représenter le graphe présenté par la figure 3.3 où nous avons gardé les grandeurs des nœuds selon le nombre de collaborations ; le poids de l'arc est lié au degré de similarité entre les membres de groupe.

Après application de la mesure de similarité Jaccard, nous remarquons que la carte garde les mêmes sous-groupes présentés dans la figure 3.1 mais il est intéressant d'interpréter quels sont les auteurs qui collaborent effectivement ensemble et qui ont un degré de similarité très élevé. Par exemple le lien entre les deux auteurs 34 et 15 porte le degré de similarité « 1 », forte co-occurrence, ce qui signifie que ces deux auteurs n'écrivent des publications qu'ensemble par contre le lien qui existe entre 49 et 33 porte le degré de similarité « 0.01 » qui est le plus faible reliant deux auteurs. Nous pouvons dire que ces auteurs ont écrit peu de publications ensemble et ont des faibles co-occurrences.

Ainsi après avoir déterminé les sous communautés de ce groupe et les collaborations entre ces membres à partir de la figure 3.1 nous avons pu à partir de la figure 3.3 mesurer ces collaborations et connaître les auteurs qui travaillent ensemble ainsi que leurs degrés de similarité.

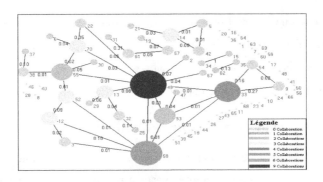

Figure 3. 3 : Cartographie de degré de similarité avec l'indice de Jaccard (Pajek)

Pour une meilleure visualisation des degrés de collaboration entre les membres de ce groupe nous avons essayé de représenter la même carte ici en figure 3.4 à l'aide de l'outil Network Workbench Tool où l'épaisseur du trait représente le degré de similarité et remplace les chiffres dans la figure 3.3

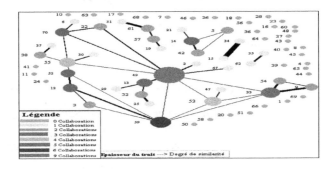

Figure 3. 4 : Cartographie de degré de similarité avec l'indice de Jaccard (NWB)

2.2 Application de la mesure de Dice

A partir de la matrice triangulaire inférieure de la matrice (Auteur, Auteur), nous avons pu représenter le graphe présenté par la figure 3.5 qui illustre le degré de similarité entre les auteurs en utilisant l'indice de Dice. Nous pouvons observer que le lien entre les deux auteurs 34 et 15 porte toujours le degré de similarité « 1 », forte co-occurrence. En revanche, le lien entre 49 et 33 a augmenté de poids et l'arc porte le degré de similarité « 0.03 ». Pour ces deux auteurs (49 et 33) même s'ils ont un faible degré de similarité « 0.03 », il est plus grand que celui entre 55 et 38, par exemple, qui est de « 0.01 » ce qui nous permet de dire qu'avec l'indice de Dice nous pouvons affiner, approfondir les analyses de collaboration entre les membres de ce groupe et tirer plus de conclusions qu'à partir de la cartographie dressée à l'aide de l'indice de Jaccard..

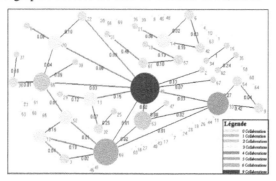

Figure 3. 5 : Cartographie de degré de similarité avec l'indice de Dice (Pajek)

Comme pour l'indice de Jaccard nous avons proposé une autre visualisation de ces degrés de similarité qui est l'épaisseur de l'arc reliant deux auteurs. Cette représentation est observée à la figure 3.6 à l'aide de l'outil Network Workbench Tool.

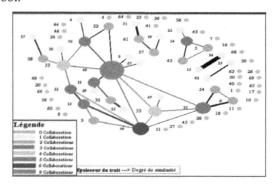

Figure 3. 6 : Cartographie de degré de similarité avec l'indice de Dice (NWB)

Section 3 : Comparaison

Pour pouvoir comparer ces deux indices de similarité nous avons utilisé la visualisation sous forme de matrice triangulaire présentée ci-dessous. Elle montre les similarités entre auteurs calculées avec l'indice de Jaccard (matrice triangulaire supérieure) et celle calculées avec l'indice de Dice (matrice triangulaire inférieure). Comme il s'agit d'indice de similarité, la diagonale est occupée par la valeur « 1 » qui représente la similarité maximale, le « 0 » étant la valeur minimale (représenté ici par « - » pour des raisons de lisibilité).

Alors qu'avec l'indice de Jaccard, la plus faible valeur de similarité est 0.01, l'indice de Dice permet d'obtenir différentes valeurs 0.01, 0.02 et 0.03 comme on peut l'observer dans le tableau 3.1.

Tableau 3. 1 : Matrice triangulaire (Jaccard=0.01)

Similarité	Indice de Jaccard=0.01										
	Auteurs	3	5	14	33	38	42	49	52	53	55	59
Indice de Dice	3	1	-	-	-	-	-	-	-	-	-	0.01
	5	-	1	0.01	-	-	0.01	-	-	-	-	-
	14	-	0.02	1	-	-	-	-	-	-	-	-
	33	-	-	-	1	-	-	0.01	-	0.01	-	0.01
	38	-	-	-	-	1	-	-	-	-	0.01	-
	42	-	0.03	-	-	-	1	-	-	-	-	-
	49	-	-	-	0.03	-	-	1	-	0.01	0.01	0.01
	52	-	-	-	-	-	-	-	1	-	0.01	0.01
	53	-	-	-	0.02	-	-	0.02	-	1	-	0.01
	55	-	-	-	-	0.01	-	0.03	0.01	-	1	-
	59	0.02	-	-	0.01	-	-	0.01	0.01	0.02	-	1

Le tableau suivant synthétise toutes les différences observées dans le cas où l'indice de Jaccard vaut 0.01 (Tableau 3.2).

Tableau 3. 2 : Tableau de synthèse (Jaccard = 0.01)

Similarité	Indice de Jaccard	Indice de Dice	Variation
38-55	0.01	0.01	=
55-52	0.01	0.01	=
55-49	0.01	0.03	↗↗
52-59	0.01	0.01	=
3-59	0.01	0.02	↗
59-49	0.01	0.01	=

49-53	0.01	0.02	↗
53-59	0.01	0.02	↗
59-33	0.01	0.01	=
49-33	0.01	0.03	↗↗

Par ailleurs, pour une similarité calculée par l'indice de Jaccard qui vaut 0.04 on peut constater qu'avec l'indice de Dice les valeurs vont prendre soit la valeur 0.07 ou 0.08 (Tableau 3.3).

Tableau 3. 3 : *Matrice triangulaire (Jaccard=0.04)*

Similarité	Indice de Jaccard=0.04							
	Auteurs	6	13	32	47	49	53	67	70
Indice de Dice	6	1	-	-	-	-	-	-	0.04
	13	-	1	0.04	-	-	-	-	-
	32	-	0.07	1	-	-	-	-	-
	47	-	-	-	1	-	0.04	-	-
	49	-	-	-	-	1	-	0.04	-
	53	-	-	-	0.08	-	1	-	-
	67	-	-	-	-	0.07	-	1	-
	70	0.08	-	-	-	-	-	-	1

Pour une similarité calculée par l'indice de Jaccard qui vaut 0.05 on constate qu'avec l'indice de Dice on obtient 0.09 ou 0.10 (Tableau 3.4).

Tableau 3. 4 : Matrice triangulaire (Jaccard=0.05)

Similarité	Indice de Jaccard=0.05							
	Auteurs	22	30	49	55	57	61	70
Indice de Dice	22	1	-	0.05	-	-	-	0.05
	30	-	1	-	0.05	-	-	-
	49	0.09	-	1	-	-	-	-
	55	-	0.09	-	1	-	-	-
	57	-	-	-	-	1	0.05	-
	61	-	-	-	-	0.10	1	-
	70	0.10	-	-	-	-	-	1

Et finalement pour une similarité calculée par l'indice de Jaccard de 0.10 nous pouvons aussi constater une différence. Après application de l'indice de Dice nous avons obtenu 0.018 ou 0.019 (Tableau 3.5).

Tableau 3. 5 : Matrice triangulaire (Jaccard=0.10)

Similarité		Indice de Jaccard=0.10			
	Auteurs	12	37	38	59
Indice de Dice	12	1	-	-	0.10
	37	-	1	0.10	-
	38	-	0.18	1	-
	59	0.19	-	-	1

Voici un tableau (Tableau 3.6) qui synthétise les changements du nombre de valeurs différentes après l'application de l'indice de Jaccard et après l'application de l'indice de Dice.

Nous avons 12 valeurs pour l'indice de Jaccard et 12 valeurs pour l'indice de Dice. On constate un changement au niveau de 4 valeurs (0.01, 0.04, 0.05 et 0.10) qui ont donné 5 valeurs en plus avec l'indice de Dice. Là où on obtient 16 valeurs différentes pour l'indice de Jaccard on obtient 21 valeurs différentes pour l'indice de Dice.

Tableau 3. 6 : Synthèse des différences entre Jaccard et Dice

Jaccard	Dice	
12 valeurs	12 valeurs	Nb de valeurs en plus
0.01	0.01 0.02 0.03	+2 valeurs
0.04	0.07 0.08	+1 valeur
0.05	0.09 0.10	+1 valeur
0.10	0.18 0.19	+1 valeur
16 valeurs	+5	=21 valeurs

Ces différents exemples démontrent qu'ils n'y a pas une solution unique. Chaque indice tend à mettre en valeur une partie de l'information. Les valeurs des deux indices ne sont pas identiques mais donnent les mêmes tendances de collaborations. Ce qui nous permet de dire que :

- Avec l'indice de Jaccard nous pouvons avoir une idée générale sur les degrés de collaboration entre les membres du groupe (16 valeurs différentes) ;

- Avec l'indice de Dice nous pouvons affiner et approfondir les analyses de collaborations entre les membres de ce groupe. Puisque nous obtenons d'avantage de valeurs différentes (21 valeurs différentes).

Ainsi ces deux indices de similarité s'avèrent complémentaires. On peut donc combiner aisément ces deux indices selon le degré d'analyse considéré. Si l'on cherche à obtenir une première analyse grossière l'indice de Jaccard sera pertinent. En revanche, si l'on cherche à obtenir des analyses plus fines en matière de collaboration, on utilisera l'indice de Dice.

Conclusion

Bilan

L'objet de l'étude présentée dans ce rapport a consisté à cartographier les collaborations entre les membres du groupe de travail européen sur les systèmes d'aide à la décision. L'objectif était d'analyser les collaborations et les liens entre ces membres ainsi que les relations entre les thèmes de recherche les regroupant et de comparer l'impact des mesures de similarités sur les liens reliant ces membres. Les travaux présentés ici constituent un premier pas vers une analyse qui pourrait être encore approfondie.

L'originalité de ce travail était d'étudier, pour la première fois, la collaboration au sein du groupe EWG-DSS et d'explorer les relations entre les domaines de recherche relevant du thème principal DSS. Ce travail s'inscrivant dans un projet européen pour lequel une méthodologie de travail avait été définie, nous avons suivi cette méthodologie commune en ce qui concerne la mise en œuvre du calcul matriciel et le choix des outils de visualisation.

De plus, nous avons effectué notre propre état de l'art concernant les outils de visualisation, de façon à avoir un plus large aperçu des fonctionnalités des outils présents dans ce domaine.

Notre travail a été organisé en plusieurs étapes. Tout d'abord nous avons collecté les données (auteurs, publications, thèmes) puis nous avons développé un outil informatique permettant de construire des matrices (auteur/publication, publication/thème, auteur/thème). Après application des mesures de similarité nous avons obtenu des matrices triangulaires à partir desquelles des réseaux pondérés ont pu être extraits sous forme de fichiers .net et .XML.

Les données collectées et les calculs matriciels ont été fournis aux autres équipes de recherche impliquées dans ce projet. Ce qui a permis, respectivement, à l'équipe portugaise d'élaborer les graphes et à l'équipe autrichienne d'interpréter les résultats à partir des graphes. Une publication des trois membres du comité de direction de ce groupe EWG-DSS, fait état de ces travaux et a été soumis dans le cadre d'un « invited review » dans EJOR.

Le temps nous le permettant, nous avons poursuivi le travail en proposant une visualisation des réseaux à partir de nos fichiers .net et .XML. Nous avons utilisé les deux programmes Pajek et NWB. Une première analyse rapide des réseaux nous a permis de visualiser une formation de sous-groupes au sein du groupe EWG-DSS, l'absence de collaboration pour certains membres ainsi que de faire apparaître les relations existant entre les thèmes de recherche.

En ce qui concerne les indices de similarité nous avons fait notre propre choix après avoir passé en revue les indices les plus connus et les plus utilisés. Cela nous a permis de faire un choix de deux mesures de similarité qui nous semblaient adéquates pour nos données et pour nos analyses et ensuite de comparer les tendances observées en termes de collaboration pour chacune d'entre elles. Alors que l'indice de Jaccard permet d'obtenir une première analyse assez grossière des collaborations, l'indice de Dice permet d'obtenir des analyses plus fines quant au degré de collaboration. Ainsi la comparaison a permis d'une part de mettre en évidence la spécificité de chacune des deux mesures, d'autre part la complémentarité entre ces deux mesures.

Perspectives

Pendant la phase de collecte de données, nous avons pu collecter des données à savoir : l'origine des membres, leur statut au sein du groupe, leurs âges et plusieurs autres informations qui peuvent être utiles pour une analyse plus profonde de ce groupe. Certainement en tenant compte de ces nouveaux paramètres, d'autres caractéristiques peuvent être étudiées ce qui fait appel à l'application d'autres mesures de similarité qui peuvent répondre à ces besoins.

La visualisation des graphes de notre étude a facilité la caractérisation des propriétés les plus marquantes (« collaboration parmi les membres », « relation parmi les thèmes »). Mais d'autres travaux peuvent être envisagés en tenant compte d'autres paramètres comme par exemple l'évolution du groupe depuis sa constitution. L'analyse pourrait prendre en compte les différences, à savoir l'ancienneté des membres dans le groupe ou encore les statuts des membres (membres fondateurs, nouveaux membres, membres de direction de groupe), dont l'influence est souvent remarquable, ce qui reste une question beaucoup plus délicate.

Par ailleurs, la généralisation de ce travail sur tous les groupes d'EURO est envisagée. En effet, une proposition de sujet de thèse à été déposée auprès d'EURO afin de mettre au point une méthodologie automatique d'analyse des collaborations sur tous les groupes de travail d'EURO (soit 29 au total). Il faudrait alors mettre au point, entre autres, une méthode d'extraction automatique des données à partir des sites internet afin de s'épargner la phase de collecte manuelle. Il pourra également être nécessaire de réfléchir à l'utilisation d'autres mesures de similarité afin de confronter leur adéquation aux données.

Bibliographie

[Abello et al 2006] James Abello, Frank van Ham et Neeraj Krishnan, "ASK-GraphView: A Large Scale Graph Visualization System," IEEE Transactions on Visualization and Computer Graphics 12, no. 5 (2006): 669-676.

[Adam et al 2006] Adam Perer et ben Shneiderman,"Balancing Systematic and Flexible Exploration of Social Networks," IEEE Transactions on Visualization and Computer Graphics 12, no. 5 (2006): 693-700.

[Bisson 1994] Gilles Bisson, "Une approche symbolique/numérique de la notion de similarité", dans Edwin Diday, Yves Kodratoff (éds.), actes 4èmes journées sur l' « induction symbolique/numérique», pp93-96, Orsay (FR), (14-15 mars) 1994

[Borner et al 2004] W. Ke, K. Borner, et L. Viswanath, "Major Information Visualization Authors, Papers and Topics in the ACM Library," Proceedings of the IEEE Symposium on Information Visualization, IEEE Computer Society, 2004, p. 216.1.

[Bongshin et al 2006] Bongshin Lee, Cynthia S.Parr,Catherine plaisant,Benjamin B.Bederson,Vladislav D.Veksler,Wayne D.Gray et Cristopher Kotfila, "TreePlus: Interactive Exploration of Networks with Enhanced Tree Layouts," IEEE Transactions on Visualization and Computer Graphics 12, no. 6 (2006): 1414-1426.

[Chollet 2006] Annik Chollet, "Les réseaux sociaux", Oncologie, Volume 8, Number 1, juin 2006 : 55-57

[Degenne et al 1985]   Degenne A., Flament C., Verges P., "L'analyse de similarité fondée sur un indice de ressemblance", séminaire IRIA Classification automatique et perception par ordinateur(1976), 231-248

[Dargam et al 2008]   Fatima Dargam, Rita Ribeiro et Pascale Zaraté, " a collaboration Network for the EURO working Group on DSS", ISMICK, Novembre 2008.

[Henry et al 2006]   Nathalie Henry et Jean-Daniel Fekete, "MatrixExplorer: un système pour l'analyse exploratoire de réseaux sociaux," dans Proceedings of the 18th International Conferenceof the Association Francophone d'Interaction Homme-Machine (Montreal, Canada: ACM, 2006), 67-74,

[Heer et al 2005]   Jeffrey Heer et Danah Boyd, "Vizster: Visualizing Online Social Networks," dans Proceedings of the Proceedings of the 2005 IEEE Symposium on Information Visualization (IEEE Computer Society, 2005), 5.

[Henry et al 2007]   Nathalie Henry, Jean-Daniel Fekete et Michael J. McGuffin, "NodeTrix: a Hybrid Visualization of Social Networks," IEEE Transactions on Visualization and Computer Graphics 13, no. 6 (2007): 1302-1309.

[Kang et al 2006]   Hyunmo Kang, Catherine Plaisant,Bongshin Lee et Benjamin B. Bederson, "NetLens: iterative exploration of content-actor network data," Information Visualization 6, no. 1 (2007): 18-31. s

[Legendre 1998]   L. Legendre and P. Legendre, "Numerical Ecology", second english edition. Developments in environmental modelling 20, Elsevier, Amsterdam (1998).

[Ghoniem et al 2004]   M. Ghoniem, J. Fekete, et P. Castagliola, "Comparaison de la lisibilité des graphes en visualisation noeuds-liens et matricielle," Proceedings of the 16th conference on Association Francophone d'Interaction Homme-Machine, Namur, Belgium: ACM, 2004, pp. 77-84.

[Henry 2008]   Nathalie Henry "Exploring Social Networks with Matrix-based Representations», Thèse de doctorat, Cotutelle Université Paris-Sud (France) and University of Sydney (Australia), Juillet 2008

[Newman 2003]   Newman, M. "The structure and function of Complexe networks". SIAM Review Vol,No 2,pp 167-256,2003.

[Newman 2001a]   Newman, M. "Scientifique collaboration networks. I. Network construction and fundamental results". Physical Review E, Vol.64, 016131,2001.

[Newman 2001b]   Newman, M. "Scientifique collaboration networks. II. Shortest paths, weighted networks, and centrality". Physical Review E, Vol.64, 016132, 2001.

[Shneiderman et al 2006]   Ben Shneiderman et Aleks Aris, "Network Visualization by Semantic Substrates," IEEE Transactions on Visualization and Computer Graphics 12, no. 5 (2006): 733-740.

[Samuel 2008]   Samuel Carpentier, "Visualisations sociales des modes de transport et identité d'habitation", 8e colloque MSFS – Mobilités, identités, altérités – Rennes, 13 et 14 mars 2008.

www.ingramcontent.com/pod-product-compliance
Lightning Source LLC
LaVergne TN
LVHW042346060326
832902LV00006B/420